AF359250

SAINT-GEORGES DE BOUHÉLIER

LES CÉLÉBRITÉS D'AUJOURD'HUI

Saint-Georges de Bouhélier

PAR

MAURICE LE BLOND

BIOGRAPHIE-CRITIQUE
ILLUSTRÉE D'UN PORTRAIT-FRONTISPICE
ET D'UN AUTOGRAPHE
SUIVIE D'OPINIONS ET D'UNE BIBLIOGRAPHIE

PARIS

LIBRAIRIE *E. SANSOT & C*ie ÉDITEURS

7, RUE DE L'ÉPERON, 7

MCMIX

SAINT-GEORGES DE BOUHÉLIER

Saint-Georges de Bouhélier (1) est né à Rueil en 1876, le 19 mai.

Presque tout entière, son enfance s'est écoulée, rêveuse et recluse, au petit bourg suburbain de Bougival, dans une maison de villégiature, tout près de la berge fluviale. Exigu paysage, resserré entre des collines boisées, que dominent les masses géométriques de l'aqueduc de Marly, et les eaux d'une Seine limoneuse, où passent d'apathiques péniches, et vocifèrent les sirènes des caboteurs. Aux jours d'été, la liesse citadine s'épanche jusque là, les gargottes regorgent de tumulte, les rives

(1) De son vrai nom G. de Bouhélier-Lepelletier ; issu d'une famille bourguignonne dans laquelle on retrouve des ascendants d'origine allemande.

retentissent du rire des couples en promenade, tout l'aspect se métamorphose de ces paisibles parages. C'est là que grandit le jeune écrivain, il ne fut pas un petit prodige. Ses premières paroles n'extasièrent pas son entourage.

Son père, un écrivain connu, et qui connaissait les déboires de son métier, aurait bien voulu faire de lui un militaire. Mais l'enfant devait en décider tout autrement. A Bougival, dans la maison, la plupart du temps solitaire, il se nourrissait de lectures ardentes. Il vécut là, livré à lui-même, en compagnie cependant d'une fillette, dont une page de l'*Hiver en Méditation*, évoque le clair souvenir, la sœur du poète, mariée aujourd'hui à l'un des chefs du socialisme indépendant. A cette date, la vie était triste et douce ; « je vois, a-t-il écrit plus tard, je vois près de la lampe, un soir, mon père avec sa face de fièvre et d'énergie, et ma mère pensive, beauté et bonté... »

L'inévitable exode au collège interrompit cette petite existence si intense, émerveillée et contemplative. Ce fut vers cette époque que nous nous rencontrâmes... J'étais, depuis plusieurs mois, interne au lycée de Versailles, lorsque, un beau jour, pendant l'étude, le proviseur introduisit un petit garçon d'aspect pensif et éveillé... Quelques minutes plus tard, c'était la récréation ; le jeune Bouhélier restait dans la cour, à l'écart, nul ne faisant attention au *nouveau*. Je me souviens que je m'avançai vers lui, et, lui ayant souhaité la bienvenue, d'un geste spontané, je le pris par la main pour le conduire vers la troupe turbulente de mes camarades et le convier à se mêler à nos jeux. C'est à peine si nous comptions, alors, chacun une dizaine d'années ; mais, depuis lors, jamais le pacte tacite et grave de la sympathie et de l'amitié ne s'est rompu entre nous. Devenus des hommes, jamais la vie insidieuse ne nous sépara. Dès ce jour lointain, le destin nous avait associés.

Il paraît superflu de dire que Bouhélier fut un fort mauvais élève. Le seul laurier scolaire qu'il parvint jamais à décrocher fut le prix de gymnastique. Révolté par l'incarcération continue qu'il subissait entre les murailles du lycée, ancien couvent converti par la volonté de Bonaparte en une caserne universitaire, l'enfant employait toutes ses ruses d'écolier à s'en faire exclure. Il y réussit, et nous nous perdîmes de vue pendant plusieurs mois.

L'année suivante, nous nous retrouvions chez un répétiteur montmartrois, le père Herbault, où fréquentèrent plusieurs générations de cancres parisiens, et où nous suivions, assez irrégulièrement d'ailleurs, les cours de Condorcet. Tout de suite, je fus frappé par l'étonnante précocité de mon jeune condisciple. S'il était resté chétif, malingre, avec la flexible apparence d'un garçonnet, son intelligence avait subi un développement

inusité. Nous dévorions avec frénésie les revues
décadentes et symbolistes qui paraissaient alors :
*Les Entretiens Politiques et Litteraires, La Sociéte
Nouvelle, La Plume, L'Ermitage,* etc. Auprès de
Rimbaud. de Laforgue, de Verlaine, de Moréas,
de Kahn, de Griffin, dont les hardiesses encore
juvéniles nous étaient déjà familières, on com-
prendra que l'étude de Virgile nous parut fade. Au
surplus le souci du prochain bachot nous inquiétait bien moins que celui de publier nos proses et
nos vers.

Ainsi s'achevait cette enfance qui devait laisser à
Bouhélier une si grande tristesse et qui lui inspira
plus tard ces vers touchants, empreints d'on ne
sait quel mystère mélancolique :

> « Au fond de mon passé, de mon triste passé
> « Je vois, l'hiver. j'entends le cri d'un trépassé. »

Au mois de février 1893, Bouhélier publiait ses
premières pages dans une petite revue : *L'Acadé-
mie Française* fondée par lui. et dont les frais
n'étaient guère assurés que par notre argent de
poche de collégiens ; puis cette revue devint
L'Assomption, imprégnée des idées mystiques qui
flottaient, en cet instant, sur la jeune littérature.
Ce n'étaient là que des balbutiements, des essais
sans précision. Mais, bientôt, des événements

imprévus, allaient décider pour Bouhélier de l'orientation définitive de son esprit.

Pour qu'il se perfectionnât dans l'étude de la langue allemande, ou plutôt pour qu'il s'affranchît de trop vives suggestions littéraires, le jeune homme se vit soudain exilé de Paris, envoyé en Suisse, à Berne, où il vécut dans une famille de pasteurs.

Ici, je note tout de suite cette particularité que les événements auront toujours une influence considérable sur le caractère de son œuvre. Bouhélier n'écrit guère que pour s'épancher et après une émotion. Sa vie personnelle lui inspirera non seulement ses poèmes, mais ses théories. De lui, surtout, on peut dire qu'il est un autodidacte.

Au contact de ces austères et candides théologiens, son imagination ne fait donc que s'exalter davantage. La lecture de la Bible lui prête un style prophétique. L'ambition l'envahit de régénérer le monde par le charme conquérant du Verbe, et avec toutes les frénésies et l'extrême ingénuité de la jeunesse, il se crée du rôle poétique une conception pontificale et messianique. A cette époque Saint-Georges de Bouhélier entreprend de rédiger l'*Annonciation* dont les cinq cahiers successifs parurent avec ce sous-titre : *Livret de Rêve et d'Amour*. Ayant abandonné Berne pour habiter, solitaire, au bord du lac de Thoune, pendant des mois, il n'adresse la parole à âme qui vive. Ebloui, taciturne, il ne vit guère qu'avec les paysages, dialogue avec les échos, se grise de rêverie jusqu'à revivre imaginairement les mythiques aventures de Narcisse, d'Orphée, de Pygmalion. Les Alpes avec leurs fééries firmamentales, leurs ciels embrasés de feux roses ou violets, avec les diaphanes vapeurs qui fleurissent la surface de leurs lacs, avec les masses miroitantes de leurs glaciers, enivrent cette nature virginale, alimentent ses idéologies transposées en un décor apostolique et pastoral, lui inspirent les neigeuses blancheurs de ses métaphores. Telle est l'*Annonciation* où s'énonce un visionnaire aussi intense que Rimbaud, mais un Rimbaud épris de douceur et de sérénité.

*
* *

Cependant, revenu à Paris, Bouhélier, par son opiniâtreté, avait vaincu les résistances familiales, qui entravaient sa vocation poétique. Désormais, il allait pouvoir réaliser son destin. Mais au prix de quelles luttes nouvelles ! A dix-sept ans, le voici seul à Paris, sans soutien, sans ressources. Pour vivre, il doit accepter de faire des écritures dans un bureau de la Compagnie de l'Ouest, où ses chefs, non certes sans raison, lui reprochent ses piètres qualités de calligraphe. C'est, au moins, pour lui, le pain assuré, mais au prix de sa liberté. Il a loué, rue Rodier, une sordide petite chambre, et c'est là qu'il gîtera entre quatre murs tapissés de moisissures. C'est là qu'il occupera ses nuits à de fiévreuses veillées de travail.

Ce premier contact avec la société moderne fut pour le jeune poète infiniment douloureux. Dans le décor de Versailles, avec son palais et ses parcs emphatiques, il avait contracté le goût de la gloire et de l'héroïsme. Plus tard, en Suisse, il n'avait guère vécu que parmi les théogonies peuplées d'archanges et de déesses. Désormais, il lui fallait se confronter avec des hommes, mesquins et sombres, tristes et féroces. Qu'allait-il résulter de cette subite culbute du rêve dans la réalité ? Aboutira-t-elle pour lui à la misanthropie, défaillira-t-il à son tour dans le pessimisme réaliste ou romantique ? A l'exemple de tant d'idéalistes désabusés, va-t-il enfin adopter une attitude de sceptique et n'envisager le monde que comme une mine de satisfactions égoïstes. Mais on verra par la suite que cette crise adolescente, loin de l'abattre, fut, au contraire pour lui l'origine d'une conception extrêmement personnelle et féconde de l'univers et de la vie.

Dès ce moment, en effet, la destinée de Bouhélier commence à se dessiner avec un relief saisissant. Ambitieux de la réaliser, il dédaigne les méthodes ordinaires. Dans une société où toutes les carrières se trouvent tracées d'avance, où tout s'uniformise, il accepte d'un cœur vaillant le sort du pauvre et de l'aventurier intellectuel. Son maigre salaire d'employé lui assure à peine une pitance rudimentaire. Le travail est sa seule joie, son unique délice. La majeure partie de ses gains mensuels passera à satisfaire les rapaces exigences des imprimeurs. C'est ainsi qu'il publie deux petits opuscules : *Discours sur la mort de Narcisse*, et *La Résurrection des Dieux, Théorie du Paysage*. Souffreteux et frémissant, riche d'espoirs et d'idées, il dédaigne la misère matérielle ; elle était alors extrême.

Ainsi, rien n'altérait la vaillance ni la foi du jeune poète, et c'est à cette époque même qu'il écrivait cette *Vie héroïque*, dont plus tard on devait parler si souvent et que, un jour, le grand musicien Gustave Charpentier déclarait considérer comme « le bréviaire de l'artiste moderne » (1). Qu'est-ce donc que ce livre auquel l'auteur de *Louise* a pu attribuer une telle importance ? Son titre véritable était : *La Vie héroïque des Aventuriers, des Poètes, des Rois et des Artisans, Théorie du pathétique, pour servir d'introduction à une tragédie ou à un roman.* Et il comprenait deux petits tomes de format peu courant. Le titre était interminable, le tirage restreint, la mévente était certaine. Pourtant, l'action de ces feuillets sur la nouvelle génération littéraire allait être considérable. Dans une langue étrange,

(1) Déclaration faite dans un discours prononcé à Liège à l'occasion des Fêtes de la Muse du Peuple, en 1903.

colorée, elliptique, Bouhélier vantait la magnifi-
cence des aspects terrestres, la noblesse de toutes
les destinées.

Au contact du menu peuple, des artisans des fau-
bourgs et de la banlieue, en coudoyant les ména-
gères, les filles publiques qui fréquentent les squares
et les carrefours, Bouhélier avait ressenti la fatalité
pathétique qui dirige les existences les plus médio-
cres. Toute cette œuvre était donc pleine de vio-
lentes et lyriques exhortations à regarder autour
de nous les paysages de notre ville, les petites gens
des métiers et ses échoppes. Ceux-ci sont beaux,
nous y disait-on, non certes parce qu'ils ont une
grande âme et des sentiments parfaits ; mais parce
qu'en dépit de leurs basses passions, ils accomplis-
sent des actes sublimes. Sur un ton de contagieuse
émotion, les besognes les plus vulgaires, les
actions les plus banales y étaient représentées
comme des rites nécessaires « des messes urbaines
ou rurales ».

Peut-être, y avait-il dans ce livre un peu trop
de confuse éloquence, mais le sens du quotidien
s'y trouvait exprimé, la poésie des humbles choses,
et, pour tout dire, la plupart des sentiments dont
se sont inspirés, depuis, les poètes nouveaux. Pour
beaucoup, ce fut la révélation d'éléments esthétiques
qu'ils ne soupçonnaient encore qu'inconsciemment.
Dans ce qui, jusqu'alors, avait été taxé de banal,
ils découvraient des vestiges de beauté. Voilà donc

ce qu'aimait à retrouver dans ces pages toute une jeunesse valeureuse, où le lecteur superficiel n'avait sans doute distingué que d'inédites sonorités.

*
* *

Cependant la ferveur communicative de Bouhélier, le désintéressement de sa vie, la vigueur intuitive de sa pensée, l'attrayante précocité de son talent exceptionnel, n'avaient pas tardé à lui attirer, parmi ses frères d'âge, de chaudes amitiés et d'ardentes admirations. Parmi ceux-ci, nous mentionnerons René Loudet, mort depuis obscurément, Andriés de Rosa, puis Albert Fleury, un magnifique écrivain un peu à l'écart, aujourd'hui, dans les provinces, mais dont il sera parlé certainement. Il y avait encore Georges Pioch, truculent et rude. Peu après, devaient s'adjoindre à nous Michel Abadie, puis Eugène Montfort qui avait été mon condisciple de philosophie à Condorcet, dans la classe de Jean Izoulet.

Déjà, chez les jeunes écrivains, on commençait d'éprouver pour les langueurs décadentes une certaine lassitude. Les entretiens de Bouhélier nous confirmaient dans ce sentiment. Il nous vantait la puissance magnifique d'Emile Zola, sorte de Pan réincarné, l'érotisme sacré d'Auguste Rodin, l'orphique attrait de Gustave Charpentier, dont nous allions, certains dimanches, acclamer « la Vie du

Poëte », armés de matraques provocantes, avec des poumons infatigables, le féerique réalisme de Claude Monet, le mysticisme passionné de Maëterlinck, la vision moderniste de Verhaeren. Il nous les présentait comme des précurseurs et des devanciers. Et c'est ainsi que se constitua peu à peu ce qui devint plus tard l'Ecole Naturiste.

Une petite revue dont j'étais le fondateur : *Les Documents sur le Naturisme* fut, au début, l'organe du groupe, où s'ébauchèrent les théories nouvelles, et c'est, dans cette revue, que parut d'abord fragmentairement la plus grande partie de : *L'Hiver en Méditation*.

L'Hiver en Méditation marquait sur les précédents essais du jeune auteur un progrès extraordinaire. Des réminiscences y sont encore visibles, et l'on ne manqua pas de s'apercevoir que Descartes, Rousseau, Bernardin de St-Pierre avaient influencé l'esprit de Bouhélier. Mais une indéniable originalité malgré tout s'y affirmait. Bouhélier avait atteint une force de style qui stupéfia : « Je prétends, s'écriait M. Adolphe Retté, que le jeune homme qui écrivit ces choses est doué des plus magnifiques dons de nature qui se puissent concevoir. C'est avec allégresse que je le salue (1) ». Louis Lumet terminait ainsi un de ses articles : « Bouhélier n'est pas un littérateur. Il nous ressus-

(1) § ASPECTS, p. 198.

cite Amphion, constructeur des cités, Orphée,
conducteur des peuples (1) ». Laurent Tailhade,
enfin, s'enthousiasmait aussi.

Ce qui étonne, dans l'*Hiver en Méditation*, c'est
moins, peut-être, l'extrême richesse verbale qui y
fulgure à chaque page, que la surabondance d'idées
dont ruisselle cet ouvrage. Des idées ! on pourrait
dire qu'il y en a trop. On perçoit en ce moment
chez M. de Bouhélier, la naïve et belle audace de
tout découvrir. Rien ne le laisse indifférent. Il
s'enthousiasme ou s'épouvante devant les choses
qui paraîtraient à la plupart d'entre nous les plus
naturelles de la terre. Il nous donne la sensation
de voir le monde avec des yeux innocents et neufs.
Bouhélier y parle de la métamorphose des sentiments, de l'influence des idées et des transforma-
tions qu'elles subissent en traversant chaque esprit :
déjà toute sa future *Tragédie du Nouveau Christ* se
trouve exposée là en germe. Il établit une théorie
du pathétique romanesque, oppose au merveilleux
romantique la noblesse des petits faits quotidiens.
Dans le chapitre des Destins, il traite de « l'accep-
tation », et nous invite à nous soumettre sans
révolte à la médiocrité des jours. Puis, corrobo-
rant cette philosophie de la vie, ce sont des pages
sur le Foyer, célébrant la Maison, la désignant
comme le sanctuaire d'un culte quotidien, comme

(1) § L'Enclos, p. 103.

un lieu de communion ingénue. Enfin, et c'est là
une de ses plus belles méditations, dans un essai
sur les grands hommes, il proclame l'importance
des héros dans le monde, leur action mystérieuse
qui s'exerce en silence, et dont tous les hommes,
du plus humble au plus puissant, reçoivent l'in-
consciente empreinte.

Tout ce livre était écrit en un vocabulaire inso-
lite qui pouvait étonner et choquer il y a dix ans,
mais qui charme aujourd'hui, depuis que maints
poètes et poètesses l'ont rendu pour ainsi dire
usuel et familier. Composé sur un ton, tantôt de
confession intime et sentimentale, tantôt de lyrisme
proclamatoire et didactique, il détermina pour une
large part ce retour à la Nature qui est la caracté-
ristique dominante de la dernière génération littéraire. En se gardant de tout optimisme préconçu,
il apportait des motifs de vivre et d'admirer aux
élites nouvelles : « Il faut vivre ébloui, s'écriait le
jeune écrivain, parce qu'une petite fleur d'or
regarde, parce qu'une pluie ébruite le bruissement
des tuiles, parce qu'au loin, l'étoile nous semble
attentive, à cause, enfin, de la Beauté et de la
Mort. »

L'Hiver en Méditation était dédié à Emile Zola,
et une pareille dédicace constituait un geste cou-
rageux autant que noble en un moment où il était
bienséant de vilipender le glorieux auteur de
Germinal et de *La Terre*.

Bouhélier, tout craintif, alla porter son livre au maître de Médan, qu'il ne connaissait pas encore. Zola fut extrêmement touché par cette démarche : « J'ai enfin vu ce fameux Bouhélier, confiait-il quelques jours après à ses intimes ; il a l'air d'un berger de Montmartre... », et au cours d'une interview publiée par le *Gaulois,* il louait publiquement « ses qualités de grand lyrique ».

Mais, déjà, la publication simultanée de plusieurs ouvrages avait valu aux Naturistes une notoriété bruyante. Ce n'était plus seulement dans les milieux symbolistes que l'on s'inquiétait, la jeunesse des Ecoles s'enflammait à son tour, la grande presse se faisait l'écho de ces polémiques et de ces discussions. Presque chaque soir, des cohortes de jeunes hommes passaient les ponts afin de venir visiter Bouhélier au Chat-Noir, en l'hôtellerie du gentilhomme Salis, où le Coryphée du Naturisme avait alors coutume de prendre, en devisant, son invariable goblet de café-crème.

La nécessité devenait urgente de résumer les tendances principales du groupe dans un document définitif. La publication fut alors résolue d'un manifeste que rédigea Saint-Georges de Bouhélier et qui parut dans le *Figaro,* le 10 janvier 1897. Ce magistral exposé des idées de la jeunesse française provoqua sur l'opinion européenne une profonde impression. Il fut discuté dans plus de deux cents articles de journaux. Quelques semaines plus tard la *Revue Naturiste* paraissait.

Bientôt on put assister à ce spectacle d'une génération tout entière, vibrant pour un même idéal. Partisans d'un lyrisme plus humain, d'une littérature plus immédiatement inspirée de notre sol, soucieux d'introduire dans leurs œuvres le reflet et l'écho des préoccupations contemporaines, la plupart des jeunes écrivains, quelle que fût leur origine, se dressèrent dans une réaction commune et passionnée contre le symbolisme. Il y eut unanimité, et ce fut un fier tournoi, la dernière grande querelle littéraire que nous ayons eu à enregistrer en France. On vit alors fleurir en l'espace de quelques mois, tout un ensemble de nouveaux périodiques, dont les critiques ne devront pas manquer de feuilleter plus tard la collection. Presque en même temps avaient paru, à Toulouse, *L'Effort* avec Maurice Magre, Jean Viollis, Marc Lafargue, etc...; à Paris, *L'Enclos,* avec Lumet, Ch. Louis-Philippe ; à Aix, en Provence, *Le Pays de France*, de Gasquet ; à Bruxelles, *L'Art jeune*, de Henri Van de Putte, Ruijters, Rency, etc...

De toutes ces frémissantes feuilles littéraires, la plus batailleuses, fut assurément la *Revue Naturiste*. On lui fit souvent le reproche d'avoir attaqué l'esthétique de ses aînés avec une excessive âpreté, mais songez que ceux-ci ne s'étaient pas montrés coupables de moindres excès, lorsque la

2

logique de leurs théories les eut conduits à dénon-
cer et à combattre leurs prédécesseurs immédiats
du Naturalisme et du Parnasse. Nos jeunes naturistes avaient au moins l'excuse de leur âge impi-
toyable. Ils se précipitaient tout à coup dans l'apos-
tolat avec la plus sincère ardeur et le plus probe
enthousiasme. Les candeurs enchantées de l'ado-
lescence s'unissaient chez eux à une sagacité sur-
prenante, au précoce entendement des hommes et
des choses. Justes fièvres, fervents transports, que
vous êtes rares, au contraire, à notre époque, où
la combativité critique, loin d'être latente et malé-
fique, paraît plutôt une exception ! N'est-ce pas
l'indifférence, la veulerie indulgente, qui demeu-
rent dangereuses et blâmables, en un âge où
triomphent, hélas ! dans les lettres, la complai-
sance confraternelle et la publicité tarifée !

*
* *

Nous sommes en 1897. Bouhélier qui publie à
l'*Evénement* une série de chroniques (1) parvient
enfin à s'affranchir des fastidieuses besognes de
bureau qui lui dévorent ses journées. Vers cette
époque, un événement va influer sur lui. Il se
marie et il écrit les chants délicieux de l'Epithalame. Son ambition immédiate va se limiter à goû-

______

(1) L'ensemble de ces articles a été réuni en un volume
sous ce titre : *Les Eléments d'une Renaissance Française.*

ter le repos d'un foyer calme sur lequel veillera et luira la tendresse intelligente et constante de sa compagne.

Avec ses relations, grâce à la neuve auréole qui brille sur les syllabes de son nom, il lui est plus facile qu'à beaucoup d'autres de briguer le succès avec les gains, les satisfactions matérielles, les honneurs qu'il comporte. Mais ce serait bien mal connaître son caractère. Bouhélier méprise ce grisant encens du boulevard, qui fleure la crotte et le patchouli. Une destinée précaire sans doute, mais de dignité (1) et de sagesse, des bénéfices d'ordre spirituel, il ne sollicite pas autre chose. Dès ce moment, on dirait qu'il s'applique à soi-même cette théorie de l'homme de lettres, que, plus tard, il devait formuler avec une si noble élévation :

« Qui ne voit que la pauvreté détruit un Gould, que ses créanciers sont une tare pour Chauchard que ces gens s'appuient, en effet, à leur fortune, que la ruine révèlerait leur sottise ou leurs fautes, mais qu'un Balzac, un Becque, un Rimbaud, un Verlaine n'obtiennent notre respect que de leur propre esprit, que sans logis même, ils n'en sont que plus touchants ; et que, si quel-

(1) C'est sans doute à cette dignité que faisait allusion M. Catulle Mendès lorsqu'il appelait notre auteur « le chevalier Saint-Georges de Bouhélier », expression reprise par un jeune critique, M. Georges Michel, lorsqu'il intitule Bouhélier « le blanc chevalier des lettres françaises ».

qu'un doit rougir, c'est, répétons-le de nouveau, la Société. Cela, l'homme de lettres le sent. Pour nous émouvoir, il suffit qu'il soit lui-même. Maigre, abattu, voué aux sordides ignominies, quelqu'un dont l'art fait la grandeur n'en manque jamais » (1).

Vers ce moment, après l'effort d'activité intellectuelle que fut pour lui, la bataille du Naturisme, on sent chez Bouhélier qu'un délassement est nécessaire. Il compose donc les rondes flexibles, les strophes grâcieusement cadencées, les idylles enguirlandées de : *Eglé ou les Concerts Champêtres*, recueil suivi d'un *Epithalame*, tout plein d'admirables vers d'amour.

Presque en même temps Lugné-Poë lui demande une pièce, qui fut représentée quelques mois plus tard au théâtre de l'Œuvre.

Les deux représentations de : *La Victoire* peuvent compter parmi les plus tumultueuses de ces dernières années. Ce furent des soirées héroï-comiques. *La Victoire* était une tragédie en vers, régulièrement coupée, respectueuse des trois unités, où se trouvait exposé en un langage mollement mélancolique, transporté dans une atmosphère pastorale, un dramatique conflit entre le sentiment de la gloire et celui de l'amour. Une belle fresque toute de fraîcheur tendre et de grâce héroïque.

(1) *Les Passions de l'Amour*. Le chapitre sur le livre instrument spirituel.

Bien avant la représentation, les partisans du symbolisme avaient décidé de prendre leur revanche. Coûte que coûte, il fallait tomber le jeune auteur dont la personnalité devenait encombrante. Une cabale fut organisée... D'autre part on avait fait courir le bruit — d'ailleurs erroné — que la pièce contenait de nombreuses allusions à l'affaire Dreyfus. Il n'en fallut pas davantage pour surexciter l'esprit des spectateurs.

La répétition générale fut d'abord des plus bruyantes, interrompue par des clameurs et des bagarres. Adversaires et partisans se colletaient dans les couloirs ; et il y eut des échanges de cartes, des envois de témoins. Quant à la première, ce fut inénarrable. Pendant quatre heures le charivari gronda sans discontinuer, avec une violence telle que des spectateurs déclarèrent depuis n'avoir pu saisir en entier un seul alexandrin. La délicieuse Jeanne Rabuteau qui interprétait le principal rôle resta d'une vaillance souriante sous la grêle des projectiles bizarres que l'on lui lançait. Mais un acteur, M. Etiévant, devenu furieux, s'interrompit au milieu d'une tirade pour invectiver les perturbateurs ; le spectacle dégénéra pendant quelques minutes en un tempétueux colloque entre lui et les spectateurs des galeries. A un autre moment, on vit un écrivain de cape et d'épée, M. Henry de Bruchard, grimpé sur la caisse du souffleur et gesticulant au milieu du brouhaha, haranguer les protestataires et leur reprocher leur béotisme.

Quoiqu'il en soit de ce chahut inexplicable et prémédité, cette étrange soirée se termina par une chaleureuse manifestation de la jeunesse littéraire en l'honneur de Bouhélier. Celui-ci, pourtant, malgré les instances de ses amis, refusa de publier sa pièce, déclarant que cet essai de drame et de poésie n'était pas conforme à ses principes dramatiques, principes qu'il devait, par la suite, préciser avec une puissance et une originalité singulières.

*
* *

« Il faut exister publiquement » écrivait Saint-Georges de Bouhélier dans *L'Hiver en Méditation*, et l'une des exhortations du manifeste du *Figaro* se terminait par ces mots : « Mêlons-nous à la fête des héros qui travaillent ». En émettant ces termes, qu'il est inutile de commenter à nouveau, notre auteur entendait que l'artiste ne doit pas seulement communier par son œuvre avec les hommes, mais aussi par sa vie elle-même. Il indiquait que pour le poète, le règne de la pensée n'est pas incompatible avec le règne de l'action.

En différentes circonstances, l'auteur de *La Vie Héroïque* devait mettre en pratique ces préceptes. Déjà, en 1897, au moment où la jeunesse des Ecoles s'agitait en faveur des Hellènes persécutés, il avait pris part à la série des meetings qui se succédèrent alors. Quand éclata l'affaire Dreyfus, où les courages se comptèrent, il fut un des premiers qui se groupèrent autour de Zola. A la suite des violents incidents qui se déroulèrent au palais de justice, il encourut même une condamnation en correctionnelle.

Une action plus personnelle et plus continue devait ensuite le solliciter, et c'est ainsi que nous fûmes amenés tous deux à fonder le Collège d'Esthétique Moderne. Grouper en une vaste famille les artistes modernes, les convaincre de la mission qu'ils ont à accomplir dans la Cité, en rendant plus harmonieuses toutes les manifestations de la vie publique ; opposer à la pédagogie académique un idéal esthétique plus humain, inspiré des lois naturelles : tels furent quelques-uns des mobiles qui nous encouragèrent dans cette initiative. Un comité fut alors constitué sous la présidence de Zola où l'on lisait les noms de Constantin Meunier, de Rodin, de Claude Monet, de Léon Dierx, d'Alfred Bruneau, de Clemenceau, de Pissaro, de Gustave Charpentier, de Camille Lemonnier, de Mirbeau, de Verhaeren, etc. Notre appel fut entendu. Le Collège d'Esthétique fut inauguré en 1901 par l'illustre dramaturge scandinave Björnstjerne Bjornson.

Quelques semaines plus tard, nous louions, rue de la Rochefoucauld, un vaste atelier de sculpteur, formant au fond d'une cour silencieuse, un pavillon retiré. L'unique salle, décorée de peintures hardies, meublée de bancs de bois, servait à la fois pour les conférences, les expositions, les veillées poétiques. C'est là que, pendant deux ans, se réunit toute une jeunesse enthousiaste. Peintres, musiciens, sculpteurs, architectes, ouvriers d'art, simples amateurs auxquels se mêlaient des étudiants représentant toutes les élites européennes, aimaient à y fraterniser. Des écrivains célèbres affectionnaient cette chaire et recherchaient cet auditoire, où se pressaient des hommes comme Emile Derré, Elie Faure, de Mathan, Launay, Caro-Delvaille, etc., ils aimaient à y venir deviser, à la lueur fumeuse des quinquets, sur les sujets les plus choisis.

A peu près vers ce moment, en 1902, Saint-Georges de Bouhélier prenait une part active aux fêtes du Centenaire de Victor Hugo. C'est à cette occasion qu'il écrivit les paroles du Chant d'Apothéose, sur lequel Charpentier composa une de ses plus belles partitions, et dont les accents ont retenti bien souvent depuis en maintes fêtes civiques.

Mais entre temps Bouhélier accumulait une œuvre considérable. Depuis longtemps il était passé de la théorie et du rêve aux réalisations. Tour à tour, romancier, poète lyrique, essayiste et dramaturge, son talent audacieux touchait à tous les genres. Et dans chaque genre il apportait de nouvelles façons de sentir et de parler. Même dans la poésie où il innove le moins, il contribue à l'évolution de ce genre. A cet égard *Eglé ou les Concerts Champêtres*, dont j'ai parlé précédemment, demeure une date intéressante.

Certes, le poète ne nous gratifie pas de techniques nouvelles. La forme dont il use ici est le vers dit : *libéré*, mais il y apporte un système d'images, un vocabulaire frais et neuf, qui contrastait très vivement avec l'ancienne poésie baudelairienne et décadente. Aux jeunes poètes il indiquait des sources nouvelles d'inspiration où ceux-ci puisèrent abondamment.

Depuis *Eglé*, le jeune lyrisme a sans doute abusé des froments et des roses ; il s'est même montré des poètes pour célébrer avec un excessif engouement les beautés des plantes potagères. Pourtant, ne le dissimulons pas, c'est la gracieuse et souriante *Eglé* qui, la première, au cours de ses rondes cadencées, entraîna les muses contemporaines, dans ces parages bucoliques, sur les pelouses azurées, parmi ces thyms et ces lavandes, où elles se plaisent encore à s'ébattre aujourd'hui.

Au reste, vers 1902, Bouhélier commençait à se rendre compte de ces abus de bucolisme, dont lui-même demeurait quelque peu responsable. Et, avec sa passion constante de se renouveler sans cesse, il composait les *Chants de la Vie Ardente*, poème d'une inspiration toute différente, plus contenue, avec d'abondantes ouvertures sur le mystère. Depuis lors, des vers nouveaux publiés encore çà et là montrent son esprit orienté vers le tragique.

*
* *

L'œuvre romanesque de Saint-Georges de Bouhélier compte trois volumes importants : *La Route Noire ;* l'*Histoire de Lucie, fille perdue et criminelle ; Julia ou les Relations amoureuses.*

La Route Noire parut en 1900. C'est la monographie, âprement et fièvreusement écrite, d'une fille de bas étage. Au cours de sa jeunesse errante, ascètique et rêveuse, Bouhélier l'avait sans doute maintes fois rencontrée au coin d'une ruelle blafarde ou sous les ombrages verdissants d'un jardin public, cette Lénore, qui est l'héroïne obscure de ce roman, douloureux et passionné. Depuis lors, c'est devenu comme une mode, chez les jeunes écrivains, de raconter les péripéties psychologiques de la « petite prostituée ». A Bouhélier reviendra l'honneur d'avoir, le premier, été « le petit prophète des vérités intimes », d'avoir chanté, non plus la fille romantique, réhabilitée par quelque passion étrange et surhumaine, mais la créature malheureuse et déchue, devenue attrayante dans la vulgarité même de son métier.

Avec l'*Histoire de Lucie, fille perdue et criminelle,* Bouhélier traite d'un sujet à peu près identique, mais ici la manière est différente. De toutes les œuvres de l'écrivain, celle-ci est peut-être la seule où ne brille pas un reflet de sa vie. Il faut donc considérer comme un délassement, cette aventure galante et libertine, où le réalisme pittoresque s'allie à la fantaisie sentimentale.

Julia ou les Relations amoureuses, le dernier des romans de Bouhélier, est une étude psychologique extrêmement fouillée, où l'auteur s'est efforcé d'expérimenter et d'illustrer une théorie qui lui est chère sur « la Chimie des Passions ». A partir de ce livre, d'ailleurs, on perçoit chez Bouhélier une tendance à abandonner le roman et à reprendre goût à l' « Essai », genre littéraire qui avait passionné sa jeunesse.

Au surplus, la forme de la méditation, de l' « essai », où il a toujours excellé, lui semblait déjà suffisante pour exposer ses idées, ses conceptions, ses sentiments. Les différents « essais » de Bouhélier sont en effet d'une prodigieuse richesse. *Les Passions de l'Amour* présentent une incomparable séduction. Ils attestent qu'il subsiste toujours des *droits de l'âme* qu'il importe à l'humanité de ne pas laisser prescrire. Il nous apparaît que Bouhélier y a pris pour tâche de substituer aux mysticités agonisantes de nouveaux motifs d'adoration.

La grande théorie de Bouhélier est l'héroïsme quotidien. Tout homme, nous confie-t-il, quelque part, apparaît comme un mythe, il s'agit de l'inter-

préter. L'héroïsme n'est donc pas une vertu mira-
culeuse qui s'amasse en quelques poitrines surhu-
maines. Il est une faculté immanente, partout
répandue, dont une parcelle habite les cœurs les
plus obscurs et qui peut se révéler dans les circonstances les plus ordinaires de l'existence. Chacun
de nous est un révélateur et c'est en ceci que l'auteur de l'*Hiver en Méditation* et des *Passions de
l'Amour* se différencie d'un Carlyle ou d'un
Nietzsche.

Fréquemment, dans les *Passions de l'Amour*, ou
bien, en certains chapitres qui complètent son *Choix
de Pages*, Bouhélier consacra à la mission des
femmes de magnifiques méditations. Les femmes
que nous vante le poète, celles dont il nous peint
la grâce, ne sont point, non plus, des créatures
inaccessibles. Il les choisit parmi les plus humbles
et les plus délaissées. Ce sont parfois de douces
grisettes, des filles, ou de tristes jeunes femmes
qui s'immolent à leur amour ou bien encore à
quelque noble cause. Mais il nous dit leur vertu
civilisatrice avec une émotion pleine d'éloquence,
et l'on ne sait pourquoi, dès qu'il en parle, les
formes de ces grises créatures acquièrent aussitôt
la douceur brillante, la plastique gracieuse, flexible et royale, d'une Nausicaa ou d'une Antigone...
Et voici l'un des attraits de Bouhélier, il embellit,
purifie, grandit, dote d'harmonie les moindres
sujets qu'il traite. C'est en cela qu'il nous

apporte une manière de sentir et d'envisager absolument originale. Il réussit à nous montrer dans l'existence d'aujourd'hui, qui paraît à beaucoup d'entre nous indigne d'être vécue, des motifs d'éblouissement, de nouvelles sources d'extase et des raisons d'admirer.

*
* *

C'est vers l'année 1900 que Bouhélier eut l'idée d'écrire sa *Tragédie du Nouveau Christ*. Le premier ouvrage dramatique de la série qu'il médite. Et, remarquons-le, c'est encore sa propre expérience, sa vie transcendante qu'il transpose là.

Dès cet instant, en effet, certaines de ses théories relatives à une littérature apostolique n'avaient pas manqué d'aboutir, chez lui, à quelque désillusion. Il s'apercevait que l'intelligence humaine demeure, presque toujours, une argile peu maléable, souvent rebelle, sous les doigts fiévreux et fervents des pétrisseurs d'âme. En fécondant les cerveaux, les idées se transforment, provoquent des floraisons inattendues et disparates. Des syllabes mélodieuses, des mots d'amour, peuvent ainsi engendrer des cataclysmes et des forfaits. De ce sentiment naquit chez le poète, l'idée d'une œuvre où serait présentée la douleur de l'homme supérieur, du héros, situé soudain dans un conflit tragique avec ses propres idées, interprétées d'une façon erronée, contradictoire, par ses propres apôtres et ses disciples, devenus sans le vouloir ses pires ennemis, les inconscients adversaires de sa pensée initiale, les plus farouches iconoclastes du Dieu nouveau qu'ils s'imaginent adorer.

Afin de donner toute son ampleur à cette situation dramatique, Bouhélier imagina la poétique fiction d'une sorte de Christ, revenu parmi nous, présentant tout à coup sa face héroïque et tourmentée aux portes de nos octrois, au milieu d'une population d'usine, en pleine atmosphère révolutionnaire. D'autre part, l'auteur se persuadant chaque jour davantage que le roman doit se limiter à la simple et stricte notation de la psychologie sentimentale, fut amené à adopter la forme dialoguée. C'est ainsi que fut conçue la *Tragédie du Nouveau Christ*, vaste féérie sociale, où s'affirmait pour la première fois, d'une manière étrangement neuve, la formule puissante du drame héroïque et social.

L'œuvre n'était pas seulement d'une conception violemment audacieuse, d'une architechtonique inusitée, elle était pleine d'innovations. « Il serait mal à propos de chercher sur son langage des querelles de pédant à M. de Bouhélier, s'écriait, enthousiaste, le pur lettré Laurent Tailhade, c'est la langue même des tragiques grecs. »

Mais ce qu'il y avait de plus extraordinaire et ce qui constituait un tour de force, c'était d'avoir fait parler cette langue à tout un troupeau tumultueux et déhaillé de personnages, dans un décor contemporain. On voyait en cette tragédie, agir, bavarder, roucouler et caqueter, des figures que nous rencontrons tous les jours, un cabaretier, un pharmacien, un curé, des camelots, des bourgeoises. Telle était donc l'une des principales innovations apportées ici par Bouhélier : avoir réussi un drame héroïque en s'inspirant de l'actualité, avoir haussé le modernisme jusqu'au ton fabuleux, avoir rendu la réalité mystérieuse et légendaire, avoir transfiguré nos banales exclamations de tous les jours, nos propos courants, notre jargon vulgaire, parfois populacier, en un langage primitif, du plus solide pathétisme.

Quand fut publiée la *Tragédie du Nouveau Christ*, des élans admiratifs se renouvelèrent parmi la jeunesse, analogues à ceux qu'avaient suscités dans un autre ordre *L'Hiver en Méditation*. Les écrivains des revues d'avant-garde s'unirent pour consacrer cette œuvre par une manifestation de haute estime collective, et offrirent un banquet à Bouhélier ; le poète de la *Tragédie du Nouveau Christ*, n'avait pas encore 25 ans à cette époque ; cependant des maîtres s'empressèrent de venir témoigner en faveur de l'initiateur de notre jeune poésie. Je revois encore Rodin, dans la salle du banquet, et s'avançant vers Bouhélier qu'il voyait pour la première fois.

Il y avait aussi Léon Dierx, Gustave Charpentier, Alfred Bruneau, Paul Alexis, le sculpteur Derré, Paul Boncour, etc.

Ce fut une soirée très simple, très digne, empreinte de la plus touchante sérénité. Par la suite, les admirateurs du poète n'abandonnèrent pas l'espoir de voir représenter cette œuvre. Ils l'entretenaient dans cette idée, mais, lui, ne se dissimulait pas les difficultés presque insurmontables que comportait la mise en scène d'un pareil spectacle. sur l'un de nos théâtres actuels. Il se rencontra pourtant un directeur assez hardi, assez épris d'art pour tenter l'aventure. J'ai nommé M. Berny, qui inaugurait, en 1905, le Théâtre des Arts.

Saint-Georges de Bouhélier avait d'abord eu l'idée d'opérer seulement dans son œuvre quelques coupures indispensables. Mais il se décida bientôt à lui donner une forme nouvelle. *Le Roi sans Couronne...* (1) fut représenté, pour la première fois, au Théâtre des Arts, le 5 février 1906, avec, comme principaux interprètes, MM. Paul Rameau, Mévisto, Mlles Marie Kalff, Georgette Loyer, etc. La critique fut unanime à reconnaître les hauts dons dramatiques, absolument originaux, de M. de Bouhélier. « Si cette pièce était signée Ibsen

----

(1) *Le Roi sans Couronne* parut en librairie précédé d'une lettre-préface à M. Catulle Mendès.

ou Bjornson, écrivait dans *Le Temps* M. Ad. Brisson, on crierait au chef-d'œuvre. » Quelques mois plus tard, M. André Antoine, qui connaissait *Le Roi sans Couronne*, prenait la direction de l'Odéon, et, dans une lettre, rendue publique, écrivait à Saint-Georges de Bouhélier, qu'il mettait à sa disposition la scène du second théâtre français pour y représenter la pièce nouvelle qu'il venait de terminer (1). Eclatant hommage, acte de justice, rendu par le puissant artiste, par le grand réformateur du théâtre moderne à un jeune et

(1) *La veille, le* **Figaro** *avait publié une note annonçant que M. de Bouhélier venait de terminer une pièce : les* **Esclaves.** *M. Antoine écrivit alors la lettre ci-dessous dont il communiqua lui-même le texte au* **Figaro.** *A cette époque M. Antoine et M. de Bouhélier ne se connaissaient pas autrement.*

7 septembre 1906.

Monsieur,

Je vois, ce matin, que vous venez de terminer, pour la saison prochaine, une œuvre nouvelle, en prose, intitulée les *Esclaves.*

Si vous le voulez, votre pièce est reçue d'avance pour l'un des cinq spectacles d'avant-garde que l'Odéon donnera cette saison.

J'estime que le second Théâtre-Français doit être à votre disposition.

Vous n'aurez, si vous acceptez, qu'à me faire parvenir le manuscrit de la pièce deux mois avant la date que je vous fixerai ultérieurement.

Bien à vous.

A. Antoine.

(Cité dans le *Figaro* du 8 septembre 1906).

grand poète, qui, lui aussi, avait dépensé sa jeunesse à de fiers et nobles combats, livrés pour l'art vivant et pour la vitalité des lettres françaises.

Dès lors Bouhélier allait donc pouvoir porter son effort de novateur sur son terrain d'élection. Le créateur de mythes modernes, l'inventeur de nouvelles légendes que, d'après lui, doit être le poëte dramatique et que Bouhélier est plus que tout autre, se voyait enfin complètement compris. Dans la *Tragédie Royale* il lui était permis d'appliquer sa volonté et de s'abandonner à son esprit à la fois réaliste et lyrique, épris de l'énorme, enthousiaste et douloureux, et qui se passionne pour les combats où l'homme se heurte à l'homme et aux forces ténébreuses de la vie.

*
* *

Parvenu au terme de ces pages, je me demande si j'ai bien réussi à tracer de Saint-Georges de Bouhélier un portrait suffisamment expressif, et qui donne de l'étonnante diversité de son œuvre, où règne pourtant un caractère d'unité constante, une physionomie exacte et véridique.

La carrière de Bouhélier se poursuit, elle sera marquée par de nouveaux combats et par des victoires indubitables. Je n'hésite pas à penser que des commentateurs viendront pour découvrir dans son œuvre certains aspects, qui auront échappé à

son ancien compagnon des belles luttes adoles-
centes. Déjà l'étude de sa pensée requiert les
meilleurs esprits de la jeune élite. Entre bien
d'autres, M. Louis Estève, qui s'y est essayé à
différentes reprises, me semble indiqué pour la
peindre en teintes nouvelles. Quant à moi, ce
qui m'a plu surtout à dessiner c'est le caractère
mal connu de Bouhélier.

J'aurais voulu en produire tous les traits. Mais
Bouhélier, décidément est très complexe. Au phy-
sique c'est un homme, d'allure plutôt timide, qui
abrite d'ordinaire sous les ailes neuves d'un feutre,
un visage inquiet et assez mélancolique. Au moral
il n'est qu'audaces péremptoires et passions hasar-
deuses. Ajoutez une vive sensibilité. Mais l'esprit
de méditation aussi est grand. Son expérience et
d'ailleurs son humeur le disposeraient plutôt à la
misanthropie. Peu de poètes ont de la vie une
conception plus tragique, son théâtre repose sur
le désespoir et enseigne somme toute le néant de
tout effort. Cependant ses essais prêchent la féli-
cité et nous en révèlent les rires. Du reste, il est,
dans la vie, optimiste. En toute chose il voit et
recherche un bien. Ce qui l'approche s'embellit à
ses yeux. Tous les événements lui inspirent de
l'émotion. C'est dans les coulisses *du Théâtre des
Arts* que lui est venue sa conception du comédien
dont il fait un *héros* véritable qu'il a exposée dans
sa lettre sur le théâtre. Employé il y a douze ans

à la compagnie des chemins de fer de l'Ouest, il découvre la beauté quotidienne des métiers et il écrit la *Vie Héroïque*. On peut dire qu'il chante tout ce qui le touche, tout ce qui se trouve être en rapport avec lui d'une façon un peu intime. Et pourtant il y a en lui de l'amertume. Son optimisme est désolé et le monde qu'il admire en bloc et en principe, le déçoit individuellement et lui apparaît terrible. Tout de même ce qui domine en lui c'est la ferveur.

Il est le prophète délicieux de la ferveur. La littérature spécialement l'exalte. Il en apprécie d'abord les héros : Lui-même l'aime véritablement comme une vertu, une vertu particulièrement rude et pénible à pratiquer, en des temps comme les nôtres. Je distingue de la sagesse dans sa patience. Qu'importent les succès frivoles, superficiels, passagers, la gloriole boulevadière, les pâmoisons des snobinettes, le papotage des gazettes et des magazines, si l'on n'a pas laissé dans son époque la creuse empreinte de son passage ! Or, peu à peu, dans son logis des Batignolles, Bouhélier doit éprouver le sentiment grave et joyeux de voir son influence se répandre, son esprit se propager, ses œuvres, traduites maintenant en bien des langues, imprégner peu à peu les élites internationales. C'est de Belgique, puis de Hollande et puis de l'Amérique du Sud que lui sont venus les premiers signes de sa gloire à l'étranger. En Belgique, tout de suite

Camille Lemonnier lui avait apporté un appui illustre. En Hollande, c'était Quérido qui, dès ses débuts, l'avait fait connaître. Manuel Ugarte, puis Elyseo de Carvalho, lequel avait même publié un moment une *Révista Naturista* à Rio-de-Janeiro, avaient propagé son nom. Et voilà que maintenant il voit les Russes venir à lui. Que de fois Bouhélier n'a-t-il même pas eu à en recevoir de ces intellectuels du Nord qui ont lu ses livres, dont ils ont senti le sens de révolte, l'esprit de protestation. Quelle joie spirituelle pour un créateur, que d'enrichir les sensibilités, de voir ainsi sa pensée s'infiltrer parmi les intelligences, circuler et fleurir comme une sève, renaître en des formes multipliées et imprévues !... Et puis, pour un écrivain comme Saint-Georges de Bouhélier, n'est-ce pas encore le plus beau signe de force et de sagesse, que de n'avoir jamais désespéré de la Justice.

MAURICE LE BLOND.

l'appel d'un berger
qui sifflait son chien
m'a paru plus pur, plus
sublime, plus émouvant
que toutes les paroles
de sages ...

Bouhélier

Autographe de M. SAINT-GEORGES DE BOUHÉLIER

OPINIONS

D'Emile Zola :

L'œuvre de Bouhélier m'a fort intéressé. J'aime le panthéisme qui l'anime. Elle promet beaucoup, croyez-le. J'y ai même vu déjà des fruits vivants. Les espérances qu'elle fait naître sont si grandes, que je n'ose pas me prononcer, car Bouhélier est si jeune ! Cet écrivain possède des dons puissants, un talent lyrique remarquable. C'est un excellent styliste. Je lui reprocherai cependant de s'attarder trop encore à une élite, à une famille restreinte, particulière, de négliger les foules, l'esprit démocratique.

> (Interview citée dans *La Plume*,
> 1er novembre 1897).

De M. Ernest La Jeunesse :

Pendant plus de deux ans, Saint-Georges de Bouhélier y mena ses soldats [au cabaret du *Chat Noir*] : ces enfants songeaient à des arbres en cet endroit fleuri de femmes artificielles et de bêtes de cauchemars. En cet endroit où tout avait été — ou voulu être — finesse, fantaisie et petites variations lointaines autour de la vie et de la singularité, ces enfants sentirent sourdre et grandir en leur cœur un idéal de grandeur, de fièvre et de sérénité. Les gens qui pénétraient en cette salle nous semblaient, en notre mi-torpeur, venir en pèlerins, en voyageurs indifférents, visiter — venant de fort loin — un lieu où quelque chose avait existé, qui n'existait plus, qui se mourait et qui n'achevait pas de mourir, quelque chose de pas très beau, de pas très pur, de pas très intéressant, mais qui avait occupé l'attention. Et l'on avait blagué ces hommes notoires, écrivains et gouvernants ; on avait raillé les taches du soleil et les vices de la lune, le bleu du ciel et la pâleur des étoiles. Nous nous sentions, sans trop nous y arrêter, des attendrissements et des extases infinies, une admiration tyrannique pour les grands hommes, un enthousiasme pour les vers qui prêtaient le plus au ridicule et nous n'avons plus même la force de détester le pouvoir : nous nous désirons grands poètes et pasteurs d'hommes. Devant ces bocks, devant ces chansonniers qui, leur chanson terminée, descendaient, tristes, et cherchaient un peu d'avenir, Saint-Georges de Bouhélier évoquait des aventuriers et des laboureurs : toute cette grâce compliquée lui rendait plus chère la somptueuse et simple nature. N'est-ce pas là qu'il trouva, en regardant, sans l'apercevoir, un sabre de cuirassier ou un portrait d'Antonio de la Gandara, le nom de *naturiste* qui, depuis, intrigua le monde ? Et c'est très logique, très amusant de voir le naturisme naître dans les ruines du Chat Noir...

(Le Journal, 24 mars 1897).

De M. Laurent Tailhade :

Ce fut aux environs de 1894 que Bouhélier et ses amis s'avisèrent de fonder le Naturisme, en opposition avec les bafouillages prétentieux qui sévissaient alors.

Deux grands poètes, Paul Verlaine et Gustave Kahn, avec un sentiment très particulier du nombre et de l'eurythmie, avaient très judicieusement adapté la métrique française aux besoins de leur gloire ; l'un poussant aux dernières limites de la fantaisie, la dislocation de l'alexandrin et de l'octosyllabe, l'autre, formulant et appliquant à la fois d'une façon magistrale sa théorie dn vers libre, vers mystérieux et charmant, dont la grâce atténuée ajoute un charme imprécis à l'harmonie moins légère des rythmes traditionnels. Autour de Verlaine et de Gustave Kahn, le troupeau des imitateurs proliféra.

Les strophes amorphes et polymorphes inondèrent les revues ; ce ne furent que mètres essouflés et rimes par assonances. On traitait couramment les Parnassiens de gâteux et Victor Hugo d'imbécile. Survinrent, entre temps, le néo-christianisme, le préraphaelisme et autres balivernes du même goût. Les primitifs régnèrent. Les maîtresses d'esthètes se coiffèrent à la Botticelli ; on était stupide sur fond d'or. Les doux bêlitres qui plagiaient Kahn ou Verlaine comme ils eussent, en 1825, retapé Lamartine, se fondirent en élucubrations auxquelle Franc-Nohain eut seulement besoin d'adjoindre un soupçon de gaieté. C'est alors qu'une mince revue l'*Annonciation* apprit aux curieux, pour la première fois, le nom de Bouhélier. Ses amis ne tardèrent point à se faire connaître et manifestèrent dans les papiers publics. On se souvient encore du mandement paru dans le *Figaro* où Bouhélier définissait le programme

de la pleïade nouvelle, affirmait sa volonté de rompre
avec le passé. Bientôt les disciples abondèrent.

(Le Français, 20 janvier 1901).

De M. Adolphe Brisson :

... Cet épisode — le 4e acte du *Roi sans Couronne* —
est admirable de force, de grandeur, de tristesse. S'il
nous venait du nord, s'il était signé d'un Ibsen, d'un
Bjornson, d'un Tolstoï on se pâmerait, on crierait au
miracle. Un souffle pur vous soulève, on sent ici le coup
d'aile de la haute poésie.

(Le Temps, 12 février 1906).

De M. Camille Lemonnier :

... Quels cris ! Quelle violence dans la passion ! Et
comme ce qui n'est là qu'aimable et spirituelle licence,
entraînement des sens et joie de l'épiderme, gronde, se
tourmente, s'exaspère de toute la nostalgie d'un amour
qui veut posséder l'univers à travers un spasme ! Lui
[Bouhélier] qui, avec sagacité, se fit l'exégète des *Passions de l'Amour*, il met ici son exégèse en action : il
déchaîne les volcans de la sensualité ; il épuise les râles
des agonies amoureuses ; il fait saigner aux âmes la soif
des impossibles désirs, l'orgueil de la proie conquise,
l'amère lassitude, le délice âcre de se retrouver après
s'être cru perdues et toute la vie et toute la mort. Si la
justice littéraire ne se devait attendre des seuls lende-
mains, il y aurait longtemps que *Julia ou les Relations
Amoureuses* serait considérée comme un des chefs-
d'œuvre de la littérature passionnelle...

(Introduction au Choix de Pages
de Saint-Georges de Bouhélier, 1907).

De M. Gustave Charpentier :

Je salue le jeune prophète en qui s'affirment les espérances, toute l'âme généreuse et volontaire de la jeunesse présente.

Le verbe de Saint-Georges de Bouhélier c'est notre pensée à tous, résumée héroïquement. Son geste, c'est le geste du siècle, purifié par une foi ingénue et souriante, la foi des enfants et des jeunes dieux, et par une tendresse miséricordieuse infiniment.

Ses œuvres sont l'écho magnifié de nos émotions, — soit qu'elles proclament l'immense désir de beauté nouvelle et aussi d'universelle bonté des jeunes poètes, — soit qu'elles flagellent l'indifférence, le scepticisme lâche de certains de nos aînés, ignorant, avec quel dédain, les devoirs de l'être qui pense envers les êtres qui n'ont pas le temps, ni le courage de penser.

En célébrant Saint-Georges de Bouhélier, nous glorifions nos forces ivres, le meilleur de nous-mêmes.

En proclamant son génie, nous complimentons nos âmes...

(Discours cité dans la Revue Naturiste,
mai 1907).

De M. Albert Fleury :

Il me sera sans doute permis de dire où vont mes préférences dans l'œuvre actuelle de M. de Bouhélier.Ce n'est qu'une opinion d'ailleurs, peut-être non partagée par l'auteur lui-même, mais j'ai grand plaisir à l'exprimer ici. Deux essais : *Le livre instrument spirituel* et *Aperçus sur l'homme,* me semblent être les pages les plus remarquables de cet écrivain. Des traités de ce genre ne s'analysent pas, il faut les lire : il y a en eux une force de pensée, une hauteur de vue tout-à-fait admirables, l'écriture en est souple, riche, colorée et d'une tenue parfaite. Le premier de ces ouvrages est une apologie du Livre et de l'Ecrivain, et je l'appellerai un chef-d'œuvre. Ces pages-là sont réconfortantes et salutaires, si l'on veut considérer l'universel et respectueux mépris en lequel vit, aujourd'hui plus que jamais, l'homme de lettres...

M. Saint-Georges de Bouhélier a écrit là une soixantaine de pages qui sont un hymne à la gloire du verbe, et qui peuvent, assurément compter parmi les plus belles de notre Littérature.

(Antée, mars 1907).

BIBLIOGRAPHIE

______

LES ŒUVRES

L'Annonciation, essais (épuisé), petit in-12. Vanier,
1893-94. — **La Résurrection des Dieux,** *théorie du
paysage* (épuisé), petit in-12. Vanier, 1894. — **Discours
sur la mort de Narcisse, ou l'amoureuse métamorphose** (épuisé), petit in-12. Vanier, 1895. — **La Vie
héroïque des Aventuriers, des poètes, des rois et
des artisans,** *théorie du pathétique pour servir d'introduction
à une tragédie ou à un roman* (épuisé), petit in-12. Vanier,
1895. — **L'Hiver en méditation, ou les Passe-temps
de Clarisse,** suivi d'un opuscule sur **Hugo, Wagner,
Zola et la Poésie nationale,** essais, in-8°, Société du
Mercure de France, 1896. — **Eglé ou les Concerts
champêtres,** poésies, in-18, Fasquelle, 1897. — **La Révolution en marche,** pamphlet, in-12, Stock, 1898. —
La Victoire, pièce en 5 actes, en vers, représentée par le
Théâtre de l'Œuvre (ouv. non publié), 1898. — **Les Eléments d'une Renaissance française,** études critiques,
in-18, Edit. de « La Plume », 1899. — **La Route noire,**
roman, in-18, Fasquelle, 1900. — **La Tragédie du nouveau Christ,** pièce en 7 parties, in-18, Fasquelle, 1901. —
Chant d'apothéose pour Victor Hugo, poème, plaq.
in-18, Fasquelle, 1902. — **Les Chants de la vie ardente,**
poésies, in-18, Fasquelle, 1902. — **Histoire de Lucie,**

fille perdue et criminelle, roman, in-18, Fasquelle,
1902. — **Julia ou les Relations amoureuses**, roman,
in-18, Fasquelle, 1903. — **Les Passions de l'amour**,
accompagné d'un **Essai sur le Livre, instrument spirituel** et des **Aperçus sur l'homme**, in-18, Fasquelle,
1904. — **Le Roi sans Couronne**, pièce en 5 actes,
suivie d'une **Lettre à Catulle Mendès, sur le Théâtre,
le Comédien et le Poète tragique**, in-18, Fasquelle,
1906. — **Choix de Pages anciennes et nouvelles**,
précédé d'une Introduction de Camille Lemonnier, et orné
d'un portrait par Georges Bottini, in-8º, Herbert, Bruges,
1907. — **La Tragédie royale**, pièce en 3 actes, suivie
d'une **Lettre à André Antoine sur la réforme du
Théâtre héroïque**, in-18, Fasquelle, 1908.

ŒUVRES TRADUITES : **Histoire de Lucie, fille
perdue et criminelle**, Wiener Verlag, Vienne et
Leipzig. — **Le Roi sans Couronne**, Moscou. — **Le
Roi sans Couronne**, avec une préface de M. Manuel
Ugarte, Sempéré, Valence et Madrid. — **La Révolution
comme origine et comme fin du Naturisme**, traduit
par Elysée de Carvalho, Rio de Janeiro. — Etc...

A CONSULTER

Louis Lumet : « Saint-Georges de Bouhélier », *L'En-
clos*, 1896. — **Maurice Le Blond**, « Essai sur le Naturisme », in-18, Société du « Mercure de France », 1896.
— **Maurice Le Blond, Camille Lemonnier, Jean
Viollis, Emile Zola**, etc., articles sur « Le Naturisme et
Saint-Georges de Bouhélier, » *La Plume*, 1er novembre
1897. — **Formentin** : « Un Apôtre », La Presse, 13 janvier 1897. — **H. van de Putte** : « Mes Frères aimés »,
Le Coq Rouge, février 1897. — **Henry Béranger** : « La
Jeune Poésie française », la *Revue des Revues*, 15 octobre
1898. — **Mécislas Golberg** : « Saint-Georges de Bouhé-
lier », *Tablettes*, novembre 1898. — **Léon Bazalgette** :
« L'Esprit nouveau », in-18, Soc. d'Edit. littéraires et artis-

tiques, 1898. — **Eugène Montfort :** « Exposé du Naturisme », in-18. L'Edition, Bruxelles, 1898. — **Amédée
Boyer :** « Enquête », *Le Radical*, juin, juillet, 1900. —
Rensla Naturisla, Rio-de-Janeiro, avril 1901 et nᵒˢ suivants.
— **Laurent Tailhade :** « Le Naturisme », *Le Francais*,
20 janvier 1901. — **Nozière :** « M. Charles-Louis Philippe
et M. Saint-Georges de Bouhélier », *La Flèche*, 17 novembre
1904. — **Le Blond :** « Un poëte de la sentimentalité
nouvelle », *La Revue*, 15 janvier 1905. — **F. de Roberto :**
« L'Amour, d'Ermerson à Bouhélier », *Corriere della Sera*,
février 1905. — **Catulle Mendès :** « Le chevalier Saint-
Georges de Bouhélier », *Figaro*, 30 novembre 1903. —
Georges Casella et **Ernest Gaubert :** « La nouvelle
Littérature, 1895-1905 », in-18. Sansot, 1906. — **Paul
Adam :** « Deux Jeunesses », *Journal*, 31 juillet 1906. —
Catulle Mendès : « Le Roi sans Couronne », *Journal*,
5 février 1906. — **E. Faguet :** « Des passions de l'amour »,
Revue Latine, juillet 1905. — **J.-Ernest Charles** : « Saint-
Georges de Bouhélier », *Antée*, janvier 1907. — **Albert
Fleury :** « Les Idées de M. Saint-Georges de Bouhélier »,
Antée, mars 1907. — **Albert Fleury** : « Les Idées drama-
tiques en 1906 », in-18. Sansot, 1907. — **Edgar Baës :**
« Quelques pages de Saint-Georges de Bouhélier », *La Fédé-
ration artistique,* 17 mars 1907. — **Albola :** « Saint-Georges
de Bouhélier », *Italie*, 17 mai 1907. — **Camille Lemon-
nier :** « Introduction au Choix de pages de Saint-Georges
de Bouhélier », in-8ᵒ, Herbert, Bruges, 1907. — **Catulle
Mendès :** « Rapport sur le mouvement Poëtique », *Edition
Nationale,* 1900. — **Louis Estève :** « Essai sur Saint-
Georges de Bouhélier », *Isis*, août 1907. — **Manuel
Ugarte :** « Introduction au Roi sans Couronne », 1 vol.,
Sempere, *Madrid*, 1908. — **Adolphe Brisson, Emile
Faguet** (voir leurs recueils de critiques dramatiques), etc.

Imp. Coussillan et Chebrou, Niort.

Les Célébrités d'Aujourd'hui

COLLECTION DE BIOGRAPHIES CONTEMPORAINES

BIOGRAPHIES PARUES